WILO VÁZQUEZ
JAMILKA GIL ALONZO

MI
ADOPCIÓN

Para futuros padres, padres biológicos, parientes u otros que desean saber acerca de la adopción.

Para realizar pedidos de este libro, contacte con:
Palibrio
1663 Liberty Drive, Suite 200
Bloomington, IN 47403
Gratis desde EE. UU. al 877.407.5847
Gratis desde México al 01.800.288.2243
Gratis desde España al 900.866.949
Desde otro país al +1.812.671.9757
Fax: 01.812.355.1576
ventas@palibrio.com
849938

Para Alleah y sus padres, que Dios los llene de bendiciones y cuide de su hogar.

INTRODUCCIÓN

Comenzaré por decirles la importancia que tiene la familia y cuán necesaria es esta en la preparación de nuestros pequeños.

De la institución familiar se derivan muchas otras que forman la sociedad. Cuando nacen nuestros niños, suceden cambios en nuestros corazones que nos identifican con el Todopoderoso. Somos seres bendecidos y protegidos por la divina providencia. Por eso, Dios le dice a Abraham: "Benditas sean todas las familias de la Tierra". (Génesis:12-3).

La familia es sumamente importante para Dios, en realidad, la idea surgió de él, Dios podía habernos creado para vivir en aislados, pero no lo hizo así. Los unos a los otros nos necesitan. Así nos multiplicamos; somos fructíferos y poco a poco vamos llenando la tierra.

Me gustaría brindar una introducción general de la familia para poder presentar un concepto maravilloso que ocurre en estos tiempos. Tenemos niños que han sido maltratados, ya sea por la ignorancia, por los vicios, por la falta de madurez, etc. He podido reconocer muchos factores que han sido de mucha tristeza en nuestros pequeños en mis años de trabajo. Hay que mencionar en especial el abandono de los niños y la negligencia de los adultos. Mediante este libro, quiero presentarle la historia de Alleah, una niña que, gracias al favor de Dios y de su gran misericordia, nació en el corazón de una familia que la ha amado sin reservaciones. Su adopción fue lo mejor que le pudo haber sucedido. En esta adopción ha habido lágrimas de alegría, contestaciones de oraciones a lo largo de los años y sobre todo una promesa contestada. Cuando creemos en Dios bendito, cosas magníficas nos arropan. Podemos confiar en alguien que nunca nos abandona, siempre está trabajando en beneficio de nosotros. Para Carlos y Jenny, Dios ha sido un buen amigo que les ha regalado una hermosa criatura. Este ser tan especial ha cambiado sus lamentos por baile y hoy pueden decir ellos como dijo Job "de oídas te conocía, pero ahora mis ojos te ven".

LA ADOPCIÓN

La familia como institución está bendecida por Dios, dice Abraham, "benditas sean todas las familias en la tierra". Por lo tanto, la familia tiene una gran promesa que nosotros tenemos que honrar y respetar. Quiero por medio de este pequeño libro hacer conciencia a cada lector de cuan importante es la institución familiar. No podemos pasar por alto algo tan significativo. Recordemos que Dios como creador nos ha llenado de cuidados especiales. Nos ha regalado un padre y una madre. Ellos se encargarán de hacer que la obra de Dios sea complementada. A través del matrimonio podemos ver cómo poco a poco la institución familiar va creciendo y cumpliendo con todos los propósitos de Dios.

Este pequeño libro te ayudará a entender que la familia puede crecer de muchas formas, simplemente tenemos que abrir nuestros corazones y poder entender cuán hermoso es poder amar a niños que aunque nacieron no siendo deseados han venido a hacer la alegría de muchas familias. La adopción es un acto mediante el cual se crea un vínculo de parentesco entre dos personas adoptante o adoptado, de tal forma que genera los mismos deberes, derechos y obligaciones como si fueran padres e hijos biológicos. Esto quiere decir que la adopción hace referencia a aquellas personas que cumplen con los requisitos establecidos en la ley para tomar como hijo a un niño que no es suyo, para desempeñar legalmente las obligaciones que debe tener un padre para con un hijo.

El acto jurídico de la adopción establece un vínculo legal-parental entre un niño o niña y su padre o madre, lo cual hace que nazca un vínculo entre los padres e hijos, aunque estos no tengan la misma sangre. Los padres de un niño adoptado se preguntan si deben decir al niño que es adoptado, así como cuando y como deben hacerlo. Ellos también desean saber si existen problemas especiales para su hijo. Los psiquiatras de los niños recomiendan que sean los padres los que le informen al niño acerca de la adopción y siempre decir la verdad al hijo adoptado. Muchos expertos opinan que se les debe de informar al niño cuando es pequeño, este enfoque le da al niño, a una edad temprana, la oportunidad de poder aceptar la idea e integrarse al concepto de haber sido adoptado.

REACCIÓN DEL NIÑO ADOPTADO

Los niños reaccionan de manera diferente al enterarse de que son adoptados. Sus emociones y relaciones dependen de su edad y de su nivel de madurez. El niño puede negarse a aceptar que fue adoptado y puede crear fantasías acerca de la adopción. Frecuentemente, los niños adoptados se apegan a la creencia de que los dieron porque eran malos o pueden creer que fueron secuestrados. Si los padres hablan con franqueza acerca de la adopción y la presentan de manera positiva, es menos probable que se desarrollen estas preocupaciones. Todos los niños adoptados pasan por una etapa de lucha por su identidad. Los niños adoptados querrán hablar acerca de su adopción y los padres deben de estimular este proceso.

HISTORIA

Hace mucho tiempo la adopción se veía como un acto de caridad. Hoy día la adopción es una solución para que los menores de edad puedan volver a tener una familia y las parejas o personas solicitantes que quieran tener hijos y no puedan por cualquier motivo puedan vivir y disfrutar la experiencia de la paternidad. Antes de adoptar, tiene que haber un proceso de reflexión, dejar transcurrir un poco de tiempo, pues no es una cuestión de cariño.

Además, dada la fusión de protección del menor a que responde, se asumen las obligaciones de cuidar al adoptado. Se procura, en todo momento, el interés superior del menor.

LA ADOPCIÓN REVISTE TRES TIPOS: SIMPLE, PLENA E INTEGRATIVA

La adopción plena puede tener los mismos efectos que la filiación natural, es decir, tiene los mismos derechos que los descendientes biológicos. En general, el adoptante debe contar con requisitos más exigentes que en la adopción simple, donde no se puede efectuar sustitución automática de apellidos ni el hijo adoptado ocupa un lugar similar en el orden de sucesión testamentaria con los hijos naturales. La adopción integrativa es la figura jurídica por la cual se adopta al hijo del cónyuge o del conviviente para "integrar" la familia que ya tiene un vínculo estrecho establecido. Esta división tiene su origen en la adopción romana. En el Imperio Romano, había dos formas de adopción: la adrogatio y la adoptio. La última, a su vez, se subdividía en adoptio plena y minus plena; en la plena se daba la cesión de la patria potestad, mientras que en la minus plena se formaba un vínculo entre adoptante y adoptado. que podía (pues no era forzoso) generar derechos de sucesión.

SIETE CUESTIONES MUY IMPORTANTES EN LA ADOPCIÓN

En una adopción van a existir personas afectadas. Hay experiencias que pueden manifestarse de diferentes formas. Las experiencias pueden manifestarse de maneras diferentes dependiendo de las edades de los individuos. Independientemente de su experiencia de adopción. Estos desafíos de por vida probablemente lo afectaran en algún momento.

PÉRDIDA

La pérdida es la cuestión central que enfrentan las personas involucradas en la adopción. (Roszia y Maxon 2019). Para los padres biológicos, las personas que fueron adoptadas y los padres adoptivos, la participación en la adopción generalmente se asocia con una pérdida inicial que continúa afectando a lo largo de sus vidas. Para los padres biológicos, la adopción significa la pérdida de un hijo a quien quizás nunca volverán a ver y la pérdida de un rol parental. Las personas que fueron adoptadas pueden perder a sus familias biológicas, incluyendo hermanos, abuelos, tíos y primos. Pueden perder una conexión cultural o el idioma (en caso de adopción entre países o adopción entre razas o culturas diferentes). La pérdida relacionada con la adopción puede ser vaga y difícil de entender. Esta pérdida se describe como un sentimiento de angustia y confusión sobre las personas que están físicamente ausentes. La incertidumbre de la pérdida relacionada con la adopción dificulta o retrasa el proceso de duelo de los padres biológicos y las personas que fueron adoptadas.

RECHAZO

Los sentimientos de pérdida relacionados con la adopción a menudo se ven aumentados por los sentimientos de rechazo, especialmente para personas que han sido adoptadas, Las personas que fueron adoptados como bebés. Los sentimientos de rechazo son normales y comunes para los miembros de la tríada de adopción. Usted como padre adoptivo puede estar atento a los signos de rechazo de sus hijos. Esta experiencia puede ser dolorosa para los padres. Se les aconseja a los padres adoptivos que se preparen para esta posibilidad, reconozcan el comportamiento como un signo de confianza y comunicación, modelen la compasión y la aceptación.

DUELO

El duelo es el dolor que viene de la pérdida y el reconocimiento de la familia o la vida que se perdió con la adopción. Es natural y a menudo ocurre durante toda la vida. Quiero que recordemos que el duelo desatendido puede manifestarse en comportamientos destructivos, automedicación, ira o negación. Los niños requieren atención especial de los padres adoptivos. Ellos podrán ayudar al niño a identificar el dolor. Para hacer frente al dolor, hay ayuda disponible a través de profesionales y terapeutas con experiencias en la adopción y el duelo.

IDENTIDAD

La adopción es un evento que altera la vida y afecta las identidades de todas las personas involucradas. El niño adoptado se siente incompleto, inestable o contradictorio. El niño adoptado carece de información genética, médica, religiosa y otra información histórica sobre su familia biológica, es posible que desee respuestas a preguntas que ayudarán a formar su identidad. Puede ser difícil encontrar respuestas a ciertas preguntas y muchas veces el niño puede sentirse fuera de lugar o como si no perteneciera a esa familia. Debido a problemas de identidad relacionados con la adopción, puede ser difícil para los padres y las personas que fueron adoptadas hablar sobre la adopción con otras personas. Recordemos que la formación de identidad comienza en la infancia. Es muy importante hablar con claridad con el niño y siempre decir la verdad.

INTIMIDAD

Las personas que fueron adoptadas pueden tener dificultades con la intimidad o con acercarse a otras personas debido a la pérdida resultante de la adopción. La relación íntima de los padres adoptivos puede haber sido afectada por la incapacidad de concebir. Usted como padres adoptivos pueden tener dificultades para ayudar a su hijo que también está teniendo problemas de apego. Los desafíos relacionados con el apego van desde dificultades relacionándose con otras personas hasta trastornos graves del funcionamiento social.

DOMINIO Y CONTROL

La adopción requiere que los padres biológicos, los padres adoptivos y las personas que fueron adoptadas renuncien a un cierto sentido de control. Se requiere que los padres biológicos renuncien a sus derechos parentales o vean a su hijo ingresar en cuidado de crianza sin sentirse intimidados por los padres adoptivos. Para los padres adoptivos, el proceso de adopción puede ser complicado y causar sentimientos de impotencia. Por otro lado, puede causar que el padre adoptivo comience una conducta de control y pueda llegar a hacer bien sobre protector y poco flexible.

La adopción de Alleah ha superado las expectativas de una adopción. Es por eso que quise con todo respeto y admiración presentarles este ejemplo de adopción que ha cautivado mi espíritu y me ha hecho volver a creer en la máxima creación de Dios.

ALLEAH
EN LA ESCUELA

—PEDRO: ¿CÓMO ESTÁS ALLEAH?

—ALLEAH: MUY BIEN PEDRO, QUIERO CONTARTE MI DULCE HISTORIA.

—PEDRO: POR SUPUESTO, PERO ESPERA QUE MARÍA LLEGUE.

—ALLEAH: VAMOS A ADELANTARNOS A LA COLA DEL COMEDOR PARA COMER ALGO.

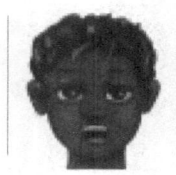

—PEDRO: PIENSO QUE ES BUENA IDEA.

Los compañeros comenzaron a hablar fuertemente, Alleah y Pedro salieron del comedor para seguir su conversación. A lo lejos ven que viene María y ambos se ponen muy contentos.

María los saluda y se une a la conversación.

—PEDRO: HOLA, MARÍA, ¿CÓMO TE ENCUENTRAS HOY?

—ALLEAH: MARÍA TE VEO MUY CONTENTA HOY.

—MARÍA: FINALMENTE, MI FAMILIA ESTÁ CADA DÍA MEJORANDO. YA NO HAY DISCUSIONES, NI GRITOS.

—PEDRO: ESO SÍ, TU HERMANO SIEMPRE ESTÁ PELEANDO EN EL PATIO CON ALGUIEN.

—MARÍA: ES CIERTO, PERO HACE UNA SEMANA OBTUVO UN TRABAJO Y PARECE QUE LE VA DE LO MEJOR.

—PEDRO: ALLEAH QUIERE CONTARNOS ALGO QUE PARECE MUY IMPORTANTE.

—ALLEAH: SÍ, QUIERO QUE SEPAN QUE DIOS ME HA LLENADO DE BENDICIONES, ME HA OTORGADO UNOS PADRES MARAVILLOSOS. SOY UNA NIÑA ADOPTADA DESDE MI NACIMIENTO. MI MADRE BIOLÓGICA AYUDÓ A MI MADRE ADOPTIVA DEBIDO A QUE ELLA NO PODÍA TENER HIJOS. DE ESTA MANERA, TUVE LA OPORTUNIDAD DE VIVIR CON MIS PADRES, ELLOS ME AMAN Y ME CUIDAN CON MUCHO CARIÑO, ME CORRIGEN Y ME ENSEÑAN LA PALABRA DE DIOS. LE DOY LAS GRACIAS A MI MADRE BIOLÓGICA POR HABERME ELEGIDO UNOS PADRES TAN FANTÁSTICOS. ELLOS ME ACURRUCAN, ME PROTEGEN, ME AMAN Y, SOBRE TODO, ME HAN ENSEÑADO A AMAR A DIOS. ME SIENTO MUY FELIZ CON ELLOS.

—MARÍA: ¡POR FAVOR, CUÉNTANOS MÁS DE TU HISTORIA, ALLEAH!

—ALLEAH: MIS PADRES SON MEXICANOS Y TENGO MUCHOS PRIMOS, TÍOS, TÍAS Y ABUELOS Y ABUELAS. CUANDO VOY A MÉXICO ME ENCANTA CAMINAR E IR AL MERCADO. ALLÁ EN LA CIUDAD DE MÉXICO HAY MUCHOS MERCADOS MUY GRANDES, HAY SIEMPRE GENTE EN LAS CALLES CAMINANDO Y SON MUY AMABLES Y SONRIENTES.

BIBLIOGRAFÍA

RECURSOS

Child Welfare Information Gateway.

PUBLICACIONES

-La crianza de los niños que han expirimentado abuso.
-La crianza en niños que han experimentado traumas.
-La crianza de un niño preescolar adoptado.
-Instututo de servicios humanos.

REFERENCIAS

-Foster parent collage.com (2016).
-Roszia S.K y Maxon A.D (2019).

LA ANSIEDAD EN LOS NIÑOS

Wilo Vázquez Ph.D

ÍNDICE

DEDICATORIA

Después de haber sido víctima del desorden de ansiedad puedo decir, que como yo, hay muchos niños en el mundo que sufren de este mal. Quiero por este medio crear conciencia en los padres de lo doloroso de este trastorno. Muchas veces vemos que nuestros pequeños expresar temor de muchas maneras. Para muchos padres es algo simple y hasta un poco ridículo que niños de seis o siete años tengan conductas infantiles. Aunque nos parezca raro, la ansiedad es real. Recuerden siempre que el miedo, la fobia y otros trastornos de ansiedad son reales para él que lo está experimentando.

Quiero que cada padre, madre o proveedor vea este desorden como una realidad que sufren nuestros niños. Seamos sensibles ante las necesidades de nuestros chicos. Brindémosle la compasión y el amor que necesitan. El abrazo de los padres y la atención inmediata en su cuidado tiene un antídoto que sana y conforta los corazones de nuestros pequeños.

Dedico este pequeño escrito a todos los niños que de alguna forma han sufrido este trastorno y los invito a ser de ayuda a otros que por alguna razón no han podido superar su ansiedad.

INTRODUCCIÓN

Más del 5% de los niños en los Estados Unidos sufren de algún tipo de ansiedad. Los trastornos de ansiedad son condiciones médicas comunes que afectan a nuestros niños y adolescentes. Se caracterizan por la preocupación y el miedo de manera persistente, irracional que interfieren con las actividades diarias.

Una madre nos informó que su hijo constantemente tiene miedo de ir a la escuela porque piensa que llegará un hombre con una pistola y los asesinará a todos.

Otra madre nos llamó y nos notificó que su hija más pequeña duerme en una casa de campaña en el patio porque cree que un terremoto vendrá y destruirá la casa y todos morirán bajo los escombros.

Un padre con un hijo de 12 años está bien preocupado ya que a su hijo le han dicho que su casa está precisamente localizada en la falla de San Andres. El jovencito no duerme velando que nadie de la familia muera en esta catástrofe.

Otra madre nos notificó que su hija de 10 diez años ha creado una fobia, donde cree que cuando ella va al inodoro a defecar las cucarachas entraran a su cuerpo. Ella no defeca en el inodoro, sino que lo hace en una pequeña lata.

Todas estas historias, aunque diferentes entre sí tienen en común, la ansiedad. Cada uno de estos niños han sido diagnosticado con el desorden de ansiedad.

Crecí en un barrio de Bayamón Puerto Rico. Mi padre murió cuando apenas cumplía mis dos años de edad. Mi madre tuvo que tomar las riendas y la responsabilidad familiar. La muerte de mi padre obligó a mi madre la cual era ama de casa a conseguir un trabajo a tiempo completo. Era necesario pues mantener cinco hijos con un pequeño cheque del seguro social no era suficiente. La situación económica se hacía difícil ya que mi madre no poseía estudio universitario lo que hacía que su sueldo fuera el mínimo. Todas las mañanas mi madre se levantaba muy temprano para para comenzar la labor diaria. Los vecinos en el barrio se encargaban de velar por nosotros.

A la edad de diez años comencé a sufrir desorden de ansiedad. Me preocupaba mucho el esfuerzo que estaba haciendo mi madre para proveer el alimento familiar. Todas las mañanas mi madre se levantaba muy temprano lo cual interrumpía mi sueño. Tanto mi hermana y yo dormíamos con ella. Cada vez que ella salía a trabajar yo comenzaba a sufrir calladamente ataques de pánico. Me sudaban las manos y las palpitaciones se aceleraban cada vez más. Mis pensamientos eran de terror y pánico. Mi mente pintaba un escenario de angustia. Pensaba que algo malo le ocurriría a mi madre. Tenía en la mente una película grotesca donde ella era asaltada y violada por los hombres del vecindario. Una mañana el sueño se apoderó de mi cuerpo y cuando desperté mi madre ya se había ido a trabajar. Me levanté desesperado y asustado. Me vestí muy aprisa y corriendo llegue a la parada de autobuses que quedaba solo a cuatro cuadras de mi casa. Mi madre todavía estaba en la estación esperando ser transportada a su trabajo. Corrí hacia sus brazos y ella sorprendida y a la vez contenta de verme me abrazo. Yo lloraba y temblaba pues la ansiedad era tan severa que los sollozos eran oídos por los demás pasajeros que allí se encontraban.

Desde ese momento todas las mañanas acompañaba a mi madre a la parada de autobuses. Esto calmaba mi ansiedad y a la misma vez me sentía feliz pues mi madre llegaría a su trabajo en perfectas condiciones.

Este pequeño libro les ayudará a encontrar soluciones saludables y espirituales que ayudarán a niños y jóvenes que sufren desordenes de ansiedad. La separación de un ser amado puede despertar este desorden. Es necesario que atendamos a nuestros niños y tomemos en serio sus pánicos y sus miedos.

CAPÍTULO 1

Desde que el niño nace comienza a conocer su medio ambiente. Cuán saludable este sea, así también será el desarrollo del niño. Es muy importante que los padres biológicos efectivos estén al tanto de su desarrollo. Digo efectivos porque el ambiente del niño tiene que estar dotado de amor, comprensión y padres dispuestos a tomar en serio su responsabilidad y su rol paternal. Los niños son una bendición que viene para unir los matrimonios. Desafortunadamente muchas personas llegan a esa unión desconociendo razones saludables de amor.

Cada uno de nuestros niños tienen un yo interno. Tienen su carácter y una personalidad innata que vivirá con ellos toda su vida. Carl Jung llama a este niño interior *Divine Child*, el niño divino. Este niño divino comienza a absorber todo lo que hay a su alrededor. Este va absorbiendo todo lo que oye, ve y siente. Esa acumulación gradual hará que ese niño internalice emociones que más adelante se convertirán en ansiedades, miedos, confusión, vacíos internos y tristezas. No podemos negar esta realidad.

La ansiedad en los niños es muy común, recordemos que es parte de su crecimiento. Los niños cuando se enfrentan a algo nuevo temen. Creo que todo lo nuevo nos hace temblar. Los cambios y lo que no conocemos nos hace sentir desbalanceados. Todos los niños pasan por diferentes etapas en su crecimiento. El desorden de ansiedad afecta a uno de ocho niños. Investigaciones han comprobado que los niños que sufren de este trastorno tienden a tener dificultades en el ambiente escolar. El desorden de ansiedad trae consigo depresión, problemas en el momento de ingerir los alimentos. Estos pueden causar hiperactividad y desordenes de atención. Por lo general son niños distraídos. En muchos casos son los padres o los encargados del niño que hacen aumentar esta ansiedad. Como buenos proveedores tenemos que tratar de ayudarlos brindándoles el apoyo necesario. Los padres no pueden eliminar estas experiencias de sus vidas, pero si pueden ayudarlos en el manejo de estas. Darle al niño la oportunidad de ventilar su ansiedad lo ayudará a sentirse mejor y en control de sus emociones. Es muy importante que nuestros chamacos aprendan a bregar con sus ansiedades de una manera saludable. Recuerda que con decirle a tu hijo "no te preocupes", no estarás ayudando. Es necesario que junto a tu hijo busquen alternativas y destrezas que sean prácticas y efectivas para el manejo de la ansiedad.

Hace muchos años mientras me encontraba en una de mis clínicas de terapias de juego conocí un niño que sufría de ansiedad. Era una ansiedad muy severa y dolorosa. Cuando llegaba al hospital parecía estar mal humorado y triste. Solo tenía cinco años y cuatro meses. Había crecido en un hogar donde predominaba el alcohol y la negligencia infantil. Tanto el padre como la madre eran alcohólicos. Este pequeño niño pasaba las horas sentado frente a un televisor y comiendo lo que pudiera conseguir en su casa. Había mucha negligencia, maltratos y soledad. Cuando este pequeño llegaba a nuestras clínicas nos asegurábamos que hubiera meriendas apropiadas y saludable para satisfacer su hambre. Todos los siquiatras, enfermeras y terapistas conocían el triste caso del niño que llamaremos (Arturo). Nos asegurábamos que tuviera el amor y la comprensión requerida. Arturo pasaba alrededor de una hora y media con nosotros. Con el tiempo fue tomando confianza y comenzó a verbalizar muy bien en las terapias. Una mañana Arturo llegó llorando a sus terapias. Nos contó que su padre enfurecido destruyó uno de sus carritos que por cierto había sido donado por un empleado del Centro. Arturo enfurecido comenzó a lanzarle a su padre los pedazos del carrito roto. Mientras Arturo narraba su historia la ansiedad se apodero de él. Comenzó a gritar y a correr de un lado a otro dentro del cuarto terapéutico. Creo que Arturo sentía tanta impotencia que dejo que sus emociones tomaran las riendas en ese momento. Además, creo que se sentía en la confianza de hacerlo pues tenía el apoyo de nosotros en el hospital. Una vez termina la catarsis y la rabieta Arturo nos cuenta que mientras su padre destruía su carrito su madre sonreía en apoyo a su papá. Luego de nueve meses de terapias Arturo fue removido de su hogar a un Centro para niños abusados.

Los trastornos de ansiedad son condiciones médicas comunes y tratables que afectan a una de cada ocho personas. Un trastorno de ansiedad puede impedir que el niño tenga amigos en la escuela, puede acelerar los miedos a los cambios. Este trastorno separa al niño de la sociedad escolar, creando una soledad angustiosa. Estudios han demostrado que los niños con trastorno de ansiedad que no reciben tratamientos están en mayor riesgo de tener bajo rendimiento escolar, de perderse experiencias sociales importantes. En este estudio encontraron que los jóvenes con este trastorno sin ser atendido podrían involucrarse en abusos de sustancias controladas.

Muchos niños tienen miedos y preocupaciones y se sienten derrotados. La ansiedad es la más común de las enfermedades mentales. La ansiedad afecta a más del 20% de los niños en los Estados Unidos. Niños ansiosos siempre están callados y tratan de no ser notados por las demás personas. Por lo general los padres son los primeros en darse cuenta que hay algo raro en la conducta de su hijo. Algunos padres ven la conducta del niño como algo natural. Se les hace difícil reconocer que hay un problema en la conducta de su hijo, pero prefieren ignorarlo. Algunas de estas conductas son:

* Se les hace difícil la concentración.
* No duermen bien y tienen sueños espantosos.
* No comen apropiadamente.
* Se enojan con facilidad y en sus rabietas pierden control de sus emociones.
* Constantemente están preocupados bregando con sentimientos negativos.
* Se sienten tensos y usan el inodoro con frecuencia.
* Lloran mucho.
* Se quejan de dolor de estómago con frecuencia.

¿Qué causa ansiedad en los niños?

Algunos niños simplemente nacen más ansiosos que otros y muchos no saben cómo bregar con la ansiedad. Muchas veces los niños comienzan a copiar conductas de otros niños que sufren este trastorno. Muchos niños desarrollan ansiedad después de vivir eventos estresantes como lo son;

* Padres inestables que siempre están mudándose de una casa a otra.
* Parejas que discuten y tienen argumentos fuertes.
* La muerte de un ser querido.

* Muchas veces problemas de hostigamiento en las escuelas.
* Niños que han sido abusados o han sufrido negligencia.

Hay muchas cosas que no debemos hacer cuando nuestros niños están ansiosos;

* En ocasiones no valoramos los sentimientos de ansiedad y de miedo en nuestros niños.
* Miramos la ansiedad de ellos como algo minimizado y tratamos de ayudarlos con palabras que traen desaliento como 'ya deja de llorar', 'Tú no eres un bebe', 'aprende a luchar con tus miedos'.
* Presionamos a nuestros muchachos a enfrentarse a la situación que está causando el miedo.
* Muchas veces vemos estos miedos y estas ansiedades como falta de atención. Pensamos que el niño quiere que le prestemos atención. Eso posiblemente sea una realidad creada por la negligencia de muchos padres.

La ansiedad en los niños es más común de lo que nos imaginamos. De hecho, va entre 5 al 21% de la población actual. Nosotros los adultos tenemos que asistir a los niños de muchas maneras para poder bajar sus niveles de estrés y de ansiedad.

Hay diferentes tipos de ansiedad que un niño puede estar presentando. Quiero que podamos ver cuatro de estas importantes ansiedades que a largo plazo hacen que nuestros chamacos sufran;

* Exceso de estrés y tensión física.
* Aparición de miedos 'normales' del desarrollo.
* Ansiedad por separación.
* Trastorno de ansiedad, episodios de pánico, preocupación obsesiva, fobias o ansiedad generalizadas.

a. El exceso de estrés o tensión física es manifestado con dolores de cabeza, dolores de estómago, episodios de coraje y descontrol del temperamento. Estos ocurren con mucha frecuencia. Cansancio excesivo, falta de apetito. El niño siempre esta irritado y molesto. Tienen dificultad para dormir. Tienen arranques de ira, aventar objetos o cosas que encuentran a su alrededor. Tienen dificultades para concentrarse. Su atención no sobre pasa los quince o veinte minutos.

b. Miedos normales del desarrollo. Hay muchos miedos a lo largo de la vida de los niños. Tienen miedo a la oscuridad, miedo a quedarse solo en un lugar. Miedo a sonidos fuertes. Miedo a los sonidos de animales. Muchos de estos miedos no les permite estar en paz. Quiero darte un ejemplo del sonido fuerte; En el hospital de conducta donde trabajo por lo general una vez a la semana suena la alarma de fuego. Esto se hace para enseñarles a los niños que hacer y a donde ir en caso de fuego o alguna situación de peligro. Nadie sabe cuándo esto se hará. Mis niños que son los más pequeños con edades de 4 a 8 años inmediatamente que esto ocurre, corren hacia las personas adultas que se encuentran en la sala terapéutica. Unos comienzan a taparse los oídos, otros lloran y otros hay que abrazarlos pues el miedo es tal que luego de ese simulacro nos toma alrededor de 40 minutos para que los niños vuelvan a la normalidad. Aunque les explicamos del porqué de este sonido tan alarmante, aún así no pueden eliminar el miedo y el pánico que sufren.

c. La ansiedad por separación comienza a muy temprana edad en los niños. Podemos decir desde los 8 meses en adelante. Muchos psicólogos dicen que es una etapa que termina a los 4 o 5 años. Yo estoy en desacuerdo. Si recordamos al principio de este escrito te hable de mi caso de separación de ansiedad. Ocurrió a los diez años. El sufrimiento que sentía siempre que mi madre salía para su trabajo. Mi preocupación era que nunca llegaría a mi casa. Mi mente pintaba un escenario bastante grotesco. Recordemos que nadie me había enseñado sobre esta angustia de separación que estaba sufriendo. Estoy seguro que mi madre ni nadie entendería lo que me estaba pasando. Mi madre era la figura de amor, comprensión y nuestra proveedora. Además, ya habíamos perdido al padre de la casa. Mi ansiedad fue controlada una vez decidí llevar a mi madre a la parada de autobuses. Creo que después del episodio sufrido, mi madre pudo entender un poco mi sufrimiento. Es así como mi madre comienza a levantarme temprano y juntos caminar hacia la parada de autobuses. Este sufrimiento fue desapareciendo al cumplir mis trece años de edad.

d. Trastorno de ansiedad; cuando nuestros niños tienen más de 6 meses con preocupaciones, irritabilidad, miedos, y angustias que lo incapacitan para llevar acabo sus tareas rutinarias y escolares. Los niños se molestan y se irritan cuando las cosas no salen como ellos esperaban. Demuestran una baja tolerancia y frustraciones. Estos niños se inclinan al perfeccionismo.

ESTUDIOS DE CASOS

Caso 1

Victor vivía con su familia en una comunidad pobre de bajos recursos económicos. Su padre había fallecido cuando este tenía nueve años. Aparte de Victor también había dos chicos más. Su madre era una ama de casa que apenas había terminado la escuela vocacional. Victor era un chico rebelde y muy callado. Su entorno era el barrio donde vivía. Se la pasaba fuera de su casa jugando con sus amiguitos. Una tarde del mes de septiembre Victor es llevado a su casa por sus compañeros mientras este sufría una crisis. Sus compañeros no sabían que hacer ni cómo ayudarlo. Victor estaba sudado y apenas podía respirar. Su madre y uno de sus tíos lo llevaron de inmediato al dispensario que se encontraba a dos millas de su casa. Después de unos análisis el siquiatra diagnóstico a Victor con desorden de ansiedad y depresión. Victor tenía irritabilidad y enojos frecuentes. Se sentía sin valor e inquieto. Se la pasaba cansado y además en su mente siempre había pensamientos de muerte y suicidio.

Caso 2

A la edad de seis años Miriam y toda su familia iban de paseo a visitar el Cañon de Colorado. Un camionero perdió el control e impacto el vehículo donde iba Miriam y toda su familia. El padre de ella falleció en el acto. El resto de la familia sufrieron heridas bastantes significantes. Su mamá y su hermano estuvieron en cuidados intensivos por nueve días. Miriam sufrió fracturas en la parte inferior del torso la cual tuvo que ser enyesada por más de tres meses. Miriam llegó a nuestro hospital a la edad de diez años con un diagnóstico clínico llamado (PTSD), estrés post traumático. El accidente ocurrido a la edad de seis años había quedado grabado en su mente. Miriam sufría constantemente cuando re-vivía esa experiencia tan dolorosa. La escena del accidente se repetía a menudo. Cada vez era más intenso el pánico y la ansiedad que Miriam sufría.

Caso 3

Andres vivía con sus tres hermanos y su mamá al Norte de Alaska. Desde muy pequeño le gustaba jugar con sus hermanos en los alrededores de su vecindad. Como Andres era el más pequeño sus hermanos lo cuidaban y lo protegían, siempre estaban al tanto del chico. Una mañana de verano decidieron bajar hasta un pequeño riachuelo ubicado muy cerca de su casa. Los chicos se entretuvieron disfrutando de esas aguas termales que salían de entre las rocas. De momento apareció muy cerca de la ubicación donde se encontraban los chicos un oso de unos nueve pies de altura. Parecía haber estado observando a los chicos mientras estos disfrutaban de la naturaleza. Andres que era el más chico entró en pánico. Su respiración se hacía más frecuente y sus palpitaciones se aceleraban cada vez más. Comenzó a sudar y no podía expresar ningún sonido. Sus hermanos comenzaron a gritar y a emitir sonidos que hicieron que el oso se apartada de ellos. Una vez llevan al chico al hospital el médico lo diagnóstico con trastorno de ansiedad con episodios de pánico excesivo.

CAPÍTULO 2

La espiritualidad es una parte esencial y fundamental en la vida de los niños. Aparte de enseñarles sobre el creador es importante incluir un marco ético de conductas. Hay muchas formas de presentar la espiritualidad en los chicos. El enseñarles sobre el creador los ayudará en el proceso del crecimiento. Si el niño que sufre del trastorno de ansiedad conoce a su creador podrá en oración pedir ayuda. Estudios presentados nos indican que un chico en crisis podrá hablar con Dios y esperar en él. La familia tiene la responsabilidad de enseñarle a sus hijos estos principios tan valiosos en la vida de nuestros chamacos. Los padres son los indicados a trabajar con el carácter tan complicado de sus hijos. Nuestros ejemplos positivos y espirituales son los que ellos copiaran. Recordemos que nuestros pequeños son los que nos imitaran a lo largo de sus vidas. Démosle al niño la oportunidad de expresar sus sentimientos y valores sin críticas. Seamos nosotros los que enseñemos el esfuerzo y el sacrificio para lograr lo que queremos en sus vidas. Seamos bondadosos y aprendamos a oír sus deseos más íntimos. Le espiritualidad forma el carácter y ayuda a los niños a darse cuenta que no son la única persona importante en el universo. El educar el espíritu del niño es trabajo del adulto. Tenemos que ayudarlos a conocerse mejor y lograr una conexión con el ser interior (Inner Child), que quiere lo mejor para sus vidas. La identificación del ser interior podrá desarrollarse siempre y cuando haya en nosotros los adultos tiempo para mostrarle a nuestros muchachos lo bello de la vida. No basándonos en lo material y tangible sino en lo que vemos y sentimos. Esas motivaciones intrínsecas harán que nuestros niños crezcan sanos y felices.

Una mañana, hace muchos años me levante muy temprano pues al parecer se había metido un ratoncito al cuartito que compartía con mi hermana. Yo tenía alrededor de ocho años pues cursaba el tercer grado. Recuerdo haberme levantado muy asustado y ansioso. Cuando llegue a la pequeña sala estaba mi madre de rodillas hablando con Dios. En su oración había humillación y mucha reverencia. Hablaba con Dios sobre la carga familiar. No pedía nada material sino, paz, amor, paciencia y fortaleza. Esas cuatro cosas son las que siempre he pedido en mis oraciones porque las aprendí de mi madre. Podemos ver como los ejemplos positivos de nuestras vidas influyen grandemente en la crianza de nuestros chicos.

La espiritualidad es una de las dimensiones necesarias por no decir la más importante en el crecimiento del niño. La familia que no le enseña al niño esta tan importante dimensión hace que el niño crezca desbalanceado. Cada padre espera que su hijo triunfe y obtenga logros positivos en la vida. No olvidemos que nuestros chamacos aprenden observando a otros. Ellos internalizan todo lo que observan y luego lo repiten. Si como padres nuestros ejemplos no son los mejores entonces no esperes una conducta positiva de tu chamaco. Por ejemplo, le decimos a nuestros hijos que el vicio del cigarrillo causa cáncer; más sin embargo mientras le damos este consejo le estamos echando el humo en la cara de nuestro cigarrillo. Así como ese ejemplo tenemos muchos más. No hables palabras malas. Más nosotros nos la pasamos hablando palabras que no edifican nuestro espíritu.

Cuando hablamos de la espiritualidad tenemos que mencionar el Acercamiento Holístico. Ese balance debe de existir en cada ser humano desde su nacimiento. Estas dimensiones son tres, la dimensión física, la dimensión emocional y la dimensión espiritual. Como padres nos preocupamos de la salud física de nuestros niños, si se enferman los llevamos al pediatra y nos encanta trabajar con ellos la dimensión emocional. Les damos cariños y los apapachamos constantemente. Claro, me refiero a las familias responsables. Ahora la dimensión espiritual por lo general es la más débil de las tres. Cuando tratamos de hablar sobre esta tan importante dimensión se nos hace difícil articularla. La dimensión espiritual hace referencia a los aspectos relacionados con la vida humana. La espiritualidad va más allá de la percepción, de los sentidos, es algo que no podemos tocar es intangible. Es una energía interior que nos dirige por la vida. En la espiritualidad encontramos sentido a nuestra existencia. Creemos que hay un Ser Superior a nosotros. Podemos notar o encontrar belleza en la naturaleza. Cuando somos cautivados por esta dimensión entendemos propósitos. Estos propósitos nos llenan de esperanza. Todo esto puede ocurrir en nuestros niños cuando los padres reconocen la importancia de esta dimensión. Recordemos que el espíritu del niño esta sensible, espontáneo y está dispuesto a absorber cualquier enseñanza. Por lo general los niños muestran su espiritualidad en la bondad y en su carácter. Si los niños vienen de ambientes bondadosos y amorosos van ellos incorporando estos valores en sus vidas. Si sus padres son comprensivos y toman el tiempo para ayudar y fortalecer el carácter a través de la comunicación estrecha, no tardaras en ver los resultados positivos de ese maravilloso trabajo. Miremos la etapa de confianza vs desconfianza del sicólogo Erik Erikson. Es aquí donde los niños desarrollan su auto-estima. Los padres tienen que estar dispuestos a ser el elemento esencial y clave en esta etapa. Recordemos que la buena crianza envuelve bastantes sacrificios y exige tiempo.

Para definir la espiritualidad tenemos que consultar muchos libros entre los cuales se encuentra la Palabra de Dios. Podemos decir que todo lo que percibimos, lo bello, lo grotesco del mundo nos ayudará a entender la espiritualidad. Podemos mencionar varias teorías filosóficas, por ejemplo:

* Bennett ve la espiritualidad como una experiencia intangible y poco comunicable que experimenta el ser humano.
* Fowler ve la espiritualidad como una cualidad humana de vivencia personal que encierra serenidad, lealtad y valentía para enfrentar lo bello del mundo.

También podemos mencionar que muchos otros ven la espiritualidad como una religión en la cual encierra el conocimiento de Dios. Es muy importante establecer una diferencia entre religión y espiritualidad. La religión es una organización extrínseco de fe. Donde el ser humano practica de acuerdo a unos conceptos enseñados aprendidos a través de ciertas prácticas. Sin embargo la espiritualidad es un concepto intrínseco personal de una persona. Este concepto puede ser practicado sin tener una manera formar de religión. La definición de Fowler me parece muy completa y muy clara. La espiritualidad es una vivencia personal de lealtad y de Paz por medio del dador de la vida que nos ayuda a enfrentar con valentía y esperanza lo bello del mundo. Mientras la religión nos enseña prácticas, dogmas y rituales. La espiritualidad nos enseña cómo vivir la vida con propósitos.

Hoy más que nunca tenemos que tener claro el concepto espiritualidad para así poderla transmitir en la crianza de nuestros niños. Cuando incorporamos este concepto en la vida de nuestros chicos podrán así disfrutar de una etapa de niñez saludable y efectiva. Esto sin decirte que en su etapa de adultez podrán valorar tu enseñanza.

Hace alrededor de 30 años cuando me encontraba haciendo un Post grado en la Universidad de Texas me enviaron a trabajar con un grupo de niños a un Centro de la Coducta localizado en Garland muy cerca de Dallas. Allí habían jovencitos de edades de 5 a doce años. Casi todos venían de hogares donde la negligencia podía ser vista con claridad. Niños con poco aseo personal, sus ropitas maltratadas por el constante uso y con conductas emocionales bien marcadas. Era bien difícil trabajar con esta dimensión espiritual en aquellos tiempos. Se me hacía difícil el trabajo puesto que desde muy joven he reconocido que el Acercamiento Holístico tiene como base principal la espiritualidad. Luego de muchos experimentos a través de los años los expertos han encontrado que la dimensión espiritual hace cambios y logros bien positivos en la vida de los niños. Recientemente los investigadores han reportado que la espiritualidad tiene conceptos importantes en la vida de cualquier ser humano para obtener una salud mental saludable. Muchos sicólogos y psiquíatras han llegado a la conclusión que la espiritualidad es necesaria en la vida de los niños. El Colegio de Medicina graduada y Educación continuada ha creado cursos mandatorios en su residencia de siquiatría sobre la espiritualidad. La Asociación Mundial de Siquiatría recientemente ha establecido una sección de espiritualidad y religión que ha sido de mucha ayuda en la salud mental de los pacientes.

CAPÍTULO 3

Maneras De Ayudar A Nuestros Niños Ansiosos

Todos los padres quieren que sus hijos estén contentos. Es por eso que cuando nuestro hijo se enferma y comienza a tener episodios de ansiedad perturban la tranquilidad familiar. El problema de ansiedad en los niños impacta la dinámica familiar y afecta la salud emocional y mental de sus miembros. Una de las experiencias más maravillosa en tratamiento de la ansiedad fue reconocer que la paz de Dios trae soluciones inmediatas que por lo general en lo secular no las encontramos. En muchas ocasiones me he cruzado con versículos Bíblicos que han hecho germinar en mi vida una esperanza ante x problema. Quiero hacer mención por medio de la Palabra de Dios unos versículos que son claves y medicinales para hacer disminuir y hasta desaparecer la ansiedad. Recordemos que los miedos y las ansiedades se acumulan en la mente de nuestros niños creando inseguridades y aberraciones que limitan sus capacidades. Veamos algunos de estos versículos;

* Proverbios 3:5-6. Confianza en Dios

Fíate en Jehová de todo tú corazón y no te apoyes en tu propia prudencia. Reconócelo en todos tus caminos y él enderezará tus veredas.

Mientras el niño va creciendo pasa por muchas etapas de cambios, inseguridades, divorcios y hostigamientos. Estos versículos ayudarán al niño a entender que aunque las cosas no se vean tan claras a medida que vayan creciendo encontrarán respuestas apropiadas que contestarán sus preguntas. Estos versículos harán sentido una vez junto a sus padres puedan leerlos y atesorarlos. Recordemos que vamos hacer los guías. Es por eso que la enseñanza espiritual es tan necesaria. Posiblemente hayan sufrido abusos y negligencias y están listos para poder confiar en alguien, pero les falta la fe. Dios a través de su Palabra aclarará algunos de estos pensamientos aberrados.

* Decirle a Dios lo que necesitas, Filipenses 4:6-7

Por nada estéis afanosos, sino que sean conocidas vuestras peticiones delante de Dios en toda oración y ruego, con acción de gracias; y la paz de Dios que sobre pasa todo entendimiento guardará vuestros corazones y vuestros pensamientos en Cristo Jesús.

Dios quiere que enseñemos a nuestros niños a depender de Dios en todo. Recordémosle siempre que él nos ama y quiere que estemos bien. Él nos promete darnos paz y apoyo en nuestro diario vivir. Es muy necesario decirles a nuestros niños que Dios tiene cuidado de ellos.

* Nada nos separará del amor de Dios-Romanos 8:38-39

Por lo tanto, estoy seguro de que ni la muerte, ni la vida, ni ángeles, ni principados, ni potestades, ni lo presente, ni lo por venir, ni lo alto, ni lo profundo y ninguna cosa creada nos podrá separar del amor de Dios que es en Cristo Jesús Señor nuestro.

Podemos ver aquí el amor incondicional de Dios para con nosotros. Hay que recordarles a los niños que aunque los amamos hay uno que los ama más y este es Dios. Decirles que fueron hechos a la imagen y semejanza de Dios. Los niños deben saber que en el eterno Dios hay que confiar pues su amor es infinito.

* Jesús nos da descanso-Mateo 11:28-30

Venid a mi todos los que estáis trabajados y cargados y yo os haré descansar. Llevad mi yugo sobre vosotros y aprended de mí que soy manso y humilde de corazón y hallareis descanso para vuestras almas; porque mi yugo es fácil y ligera mi carga.

Desde que nuestros hijos abren los ojos a este mundo es necesario mostrarle quién es Papá Dios y que hacer para sentir su protección. Tengamos en mente que sí para nosotros es difícil el caminar en esta vida, que será para nuestros muchachos. Creo que será más complicado.

* Jesús nos da una Paz que el mundo no nos puede dar. Juan 14:27.

Mi paz os dejo, mi paz os doy no como el mundo la da.

Cuando la familia por alguna circunstancia no es de apoyo para sus hijos, entonces es normal que nuestros niños acudan a alguien que los pueda ayudar. Si los padres fallan en su misión, los niños deben saber que Dios no fallará. Cuando las cosas no van como esperábamos necesitamos ir a quién nos da la paz.

* La congoja, en el corazón del hombre lo abate, más la buena palabra lo alegra; Proverbios 12:25.

Nacemos y crecemos donde hemos sido plantados. Si nacemos en un ambiente donde hay mucha ansiedad seremos personas ansiosas. Recordemos que nuestros niños son esponjas que absorben todo. Ellos se desarrollan de acuerdo a las experiencias que estén viviendo. Debemos tener palabras positivas para ayudar a nuestros chamacos. Aseguremos que su futuro sea saludable. Leámosle la Palabra de Dios. Hablémosles de Jesús. Preparen un ambiente sano y lleno de amor.

* Humillaos, pues bajo la poderosa mano de Dios, para que él os exalte cuando fuere tiempo, echando toda vuestra ansiedad sobre él, porque él tiene cuidado de vosotros, 1 Pedro 5:6,7.

Dios nos promete luchar las batallas espirituales. Nuestro Señor nos demanda humillación. Tenemos que reconocer nuestra impotencia mostrándole a nuestros hijos que tenemos un Dios bondadoso y Todopoderoso que nos respalda en las tribulaciones y las luchas del diario vivir. Como dice el sabio Salomón en su libro de Eclesiastés 12:1

'Acuérdate de tú Creador en los días de tu juventud, antes que vengan los días malos y los años de los cuales digas: no tengo en ellos contentamiento'.

* No te preocupes de mañana Mateo 6:25

'Por tanto os digo, no os afanéis por vuestra vida que habéis de beber, ni por vuestro cuerpo que habéis de vestir. ¿No es la vida más que el alimento y el cuerpo más que el vestido? Mirad las aves del campo, que no siembran, ni siegan, ni recogen en graneros y vuestro Padre Celestial las alimenta, ¿No valéis vosotros mucho más que ellas?

Dios te Bendiga querido lector.

CARTA DEL AUTOR

El trabajo con los niños es de suma importancia en mi vida. Quiero que cada padre y proveedor entienda y atesore en su corazón esta premisa, lo que sembramos en los niños eso vamos a cosechar. Este pequeño escrito fue basado en experiencias vividas del autor. Presten atención a la información aquí presentada.

La ansiedad ha vivido conmigo siempre. Creo que haber nacido en un barrio pobre y negligente despertó una ansiedad que afecto mi entorno. Crecí y mis miedos crecieron conmigo. El trastorno de separación comenzó a apoderarse de mi a muy temprana edad.

Cuando llegaban las seis de la mañana me despertaba justo cuando mi madre se preparaba para ir a su trabajo. Se apoderaba de mí ser un miedo sepulcral. Mis manos comenzaban a sudar y mi mente pintaba escenas grotescas de miedo y desesperación. Lloraba calladamente y ocurría algo inexplicable en todo mi cuerpo. Podría decir que era como especie de parálisis que controlaba todo mi cuerpo. Era la ansiedad que se apoderaba de mí. Este desorden de ansiedad ocurre en casi todos los niños que tienen una relación bien íntima con uno de sus padres. En mi caso era la relación que existía entre mi madre y yo. Recordemos que Wilo era un niño huérfano de padre y su madre era su todo. En la explicación que trato de darte querido lector me estoy despojando de intimidades familiares que harán, que muchos de ustedes entiendan que algo tan simple puede dañar y hacer sufrir nuestros chamacos.

BIBLIOGRAFÍA

Charles L. Whitfield MD. Healing the Child Withing, 1989

Michael, C. Roberts; Pediatric Psychology: Intervention and strategies for Pediatric Problems.

Santa Biblia: Casidoro de Valera, 1960 ed.